Kleine Partitur

SCHMITT

DIONYSIAQUES

pour Orchestre
d'Harmonie Militaire

op.62 n°.1

ディオニソスの祭り

解説　秋山 紀夫

日本楽譜出版社

ディオニソスの祭り
DIONYSIAQUES
op.62 no.1

■ フローラン・シュミットについて

　フローラン・シュミット（Florent Schmitt）は1870年9月28日、フランス北東部ロレーヌ地方ブラモンに生まれ、ピアノと和声の最初のレッスンはナンシー（パリの東約270キロ）で受けました。1889年、パリ音楽院に入学。和声をデュボア（1837～1924）、作曲をマスネ（1842～1912）とフォーレ（1845～1924）に師事しました。1897年、ローマ大賞第2位に入賞。1900年、カンタータ〈セミラミス〉で第1位となり、1901～04年の間ローマに滞在し、この間いくつかの器楽曲や合唱曲をフランス・アカデミーに送っています。帰国すると今度は2年間かけてドイツ、オーストリア、ハンガリーそれにトルコを旅行しています。1906年からはパリに定住し、フリーの作曲家として活動を始めました。1909年に設立された独立音楽協会（1871年設立の国民音楽協会の方針に反対して、ラヴェルらが主導して設立、フォーレが初代会長）の執行委員に加わりました。1922年、リヨン音楽院の院長に就任しましたが、3年で辞任して作曲活動に戻っています。

　また彼は国民音楽協会の会員でもありましたが、こうした組織や流派に偏らず、シュミット独自の和声やリズムで彼自身の世界を作り、1958年8月17日に87歳で亡くなるまでにたいへん多くの作品を残しています。それらは管弦楽曲、合唱曲、室内楽曲をはじめ、バレエ音楽や、映画音楽にまで及んでいます。

　〈ディオニソスの祭り〉のほか、管楽器のための作品には、1906年トルコ旅行から生まれたトルコ風交響詩〈セラムリク〉（作品48-1）や〈第163歩兵連隊行進曲〉（作品48-2）、〈葬送の賛歌〉（作品46-2）があり、他に〈サクソフォーン四重奏曲〉（作品102）や、木管楽器の独奏曲や弦楽器とのアンサンブルも多く、珍しい曲では、1918年作曲のヴィオラまたはアルト・サクソフォーンと管弦楽のための〈レジェンド〉（作品66）

などもあります。また1920年作曲の〈アントニウスとクレオパトラ〉第1組曲（作品69a）の2曲目〈ファンファーレ〉も金管アンサンブルとしてよく演奏されます。

■ 〈ディオニソスの祭り〉の作曲と初演の経緯

　この曲はギャルド・レピュブリケーヌ吹奏楽団のために作曲され、1913年12月に完成しました。しかし完成直後の1914年7月に第1次世界大戦が始まり、初演は延期されてしまいます。

　初演は11年後の1925年6月9日、パリのリュクサンブール公園野外音楽堂で、ギャルドの演奏、指揮は当時の楽長ギョーム・バレイ（1871～1943、楽長在任期間は1911～27）によって行なわれました。

■ ディオニソスについて

　ディオニソスはギリシャ神話に現われる神のひとりで、オリュンポスの神々の王ゼウスと古代ギリシャの都市国家のひとつテーバイの王女セメレーの子です。

　ゼウス（ローマ神話ではユーピテル）は詩人ホメロスが「もっとも輝かしく、もっとも偉大な、雷神の神よ」と讃えているように、天の支配者で、雨を降らせ、雷を投げつける神、と言われています。ディオニソスはニンフのヒュアデスに育てられ、ヒュアデスは「雨を降らせる女たち」と言う意味で、そのためディオニソスは火と水の子と言われました。大きくなって彼はいろいろな国をさまよい、インドにも行ったとも言われています。その至るところで葡萄の栽培や酒作りを教えたため、酒の神と讃えられました。ローマ神話ではバックスです。彼を讃える女の信者たちは、酔って歌ったり踊ったりし、こうした騒ぎがいつしか祭りの行事となりました。この祭りは葡萄が芽を出す春に盛大に行なわれましたが、しだいに詩人たちがディオニソスを讃える劇を作って

i

舞台で上演するようになり、そのためディオニソスは演劇の守り神ともされています。

したがってこの曲は神秘さと、酒を飲んでの狂乱が入り混じった雰囲気を表現する曲となっています。

■ 楽器編成

この曲は野外でも演奏できるよう、たいへん大きな楽器編成をもっています。

次のような編成で、楽器数の指定もあります。楽器名は英語表記とし、文部省編教育用音楽用語に準拠しました。

スコアは上段に木管とトランペット、コルネット、ホルン、トロンボーン、中段に打楽器、下段にサクソルン属とコントラバスが、管弦楽スコアと同様に配置されています。

ピッコロ（C）2
フルート（C）2または4
オーボエ2
イングリッシュ・ホルン1または2（オプション）
バスーン2または4
サリュソフォーン・コントラバス（C）1または2（オプション）
小クラリネット（E♭）2または4
ソロ・クラリネット（B♭）2
第1クラリネット（B♭）12
第2クラリネット（B♭）12
バス・クラリネット（B♭）2または4（オプション）
コントラバス・クラリネット（B♭）1または2（オプション）
アルト・サクソフォーン（E♭）2または4
テナー・サクソフォーン（B♭）2または4
バリトン・サクソフォーン（E♭）2または4
バス・サクソフォーン（B♭）1または2（オプション）
トランペット（C）2または4
コルネット（B♭）2または4
ホルン（F）2または4
第1・第2トロンボーン各1
第3・第4バス・トロンボーン各1
ティンパニ3（F、A♭、D♯）
小太鼓1

テナー・ドラム1
タンブリン1
カスタネット1
トライアングル1
タムタム（銅鑼）1
シンバル1
大太鼓1
グロッケンシュピール1（オプション）
シロフォン1（オプション）
チェレスタ1（オプション）
小ビューグル（E♭）1または2（オプション）
ビューグルA（B♭）2または4
ビューグルB（B♭）2または4
第1アルト（B♭）1
第2・第3アルト（E♭）各1
バリトン（B♭）2
ユーフォニアム（B♭）6
バス（テューバ）（B♭）6
コントラバス2または4（オプション）

註1）　ユーフォニアムとバス（テューバ）は移調式で記譜されている。

註2）　デュラン社から1925年に出版されました。

註3）　米国の編成に合わせた編曲は、イリノイ大学のガイ・デューカー（1916～1998）によるプレッサー社版と、カリフォルニア州立大学のデイヴィッド・ホイットウェル（1937～　）による私家版があります。

註4）　日本版は鈴木英史編曲でブレーンから出版。

■ 形式

自由なロンド形式と見ることができます。

序奏（第1～16小節）

A（第17～61小節）　主として4分の4拍子。

B（第62～153小節）　4分の3拍子。

A'（第154～194小節）　4分の3拍子と4分の4拍子。

B'（第195～271小節）　4分の3拍子。

コーダ（第272～300小節）　4分の3拍子。

AとBにはそれぞれいくつかの動機が現われ、

これらの動機がA'、B'で組み合わされて現われます。

■ 演奏上の注意

第1～4小節：低音の旋律はゆっくりとアゴーギクをじゅうぶんつけて演奏すること。強弱もじゅうぶん表現する。そのため指揮者は一部で拍子の分割も必要であろう。3小節目は強弱とともに、ややアッチェレランド気味な表現も必要。しかしあくまでも自由な、しなやかな表現になるよう。

第5～13小節：4小節目の後半から始まるソロ・クラリネットとアルト・サクソフォーン、わずかに遅れて始まるフルートとオーボエの旋律は、あくまでもしなやかにじゅうぶん歌うよう。8小節からのユーフォニアムの旋律も同様。9小節は旋律と和音の響きを大切に。

第14～16小節：低音楽器のアッチェレランドと強弱は自然に、かつリズムを揃えて。第16小節のリテヌートのコントロール自然に。

第17～29小節：木管はしなやかに、かつじゅうぶん呼吸を吹き込んで。

第30～35小節：木管のリズム、アッチェレランドしながらも正確に保って。タンギングと発音にも注意。

第36～41小節：金管やティンパニのリズムを安定させ、その上で木管はしなやかに。

第42～46小節：バス・クラリネットのソロ重要。第44～46のフルート、オーボエ、ミュートのトランペットの動きと和音は透明に。

第47～50小節：ここからハープが入り、ソロ・クラリネットからビューグルへの受け渡し気をつけて。終わりでアッチェレランドして少し早く、安定したテンポにセットすること。

第51～58小節：前半は安定した、しっかりとしたリズムで表現し、後半はクラリネットのリズムを正確に。

第59～61小節：この3小節で最初のAの部分を終わり、Bに入るので、この3小節の動きは明瞭にかつ興奮して演奏すること。

第62～153小節：ここからBで、この間は比較的一定したテンポと正確なリズムが要求される。各パートの動きを正確に機械的に。比較的演奏が容易な部分。

しかしそのなかにも、第122小節からのクラリネットの動きは、対照的にしなやかに。*f*や*ff*は発音に注意して乱暴な表現にならぬよう注意が必要。第136～145小節のリズムの追いかけは、各パートが弱奏でも明確に。

第154～194小節：A'に入り、最初のAの旋律が再現されるが、各主題の再現の順序は変更される。第184小節から、前に第8～15小節で出てきたパターンが繰り返され、第195小節からB'に入る。Aでの演奏上の注意がここでもそのまま当てはまる。

第195～271小節：B'の部分で、4分の3拍子の安定した動きの部分。ここも正確なリズムや発音が要求される。

第272～300小節：コーダに当たり、Bの旋律を主に興奮を高める。最後に第293～296小節にAの動機も現われ、次の金管の強烈なF♯短調の和音に引き継ぎ、B長調の和音で終止しています。

註）この「演奏上の注意」は、この曲がスコアに指定された通りの編成で演奏されることを前提として書かれております。

（解説　秋山　紀夫）

Dionysiaques, op. 62 no. 1

■ About Florent Schmitt

Florent Schmitt was born in Blâmont, within the Lorraine region in the northeast of France, on 28th September 1870, and took his first piano and harmony lessons in Nancy (about 270 kilometres east of Paris). He entered the Paris Conservatory in 1889 and studied harmony with Dubois (1837-1924), and composition with Massenet (1842-1912) and Fauré (1845-1924). In 1897, he won second prize in the Prix de Rome. In 1900, he won first prize with his cantata *Sémiramis*, and stayed in Rome from 1901 to 1904. During this time he presented some instrumental and choral works to the French Academy. After his return, he made a two-year trip to Germany, Austria, Hungary and Turkey. He settled in Paris after 1906, and started his career as a freelance composer. He joined the executive committee of the Independent Musical Society (established in 1909 under the leadership of Ravel and others who opposed the policies of the National Musical Society established in 1871. The first president was Fauré.) In 1922, he became the director of the Lyon Conservatory, but resigned three years later and returned to his composing activities.

Although he was a member of the National Musical Society, he created his own world with his own ideas about harmony and rhythm without giving too much weight to the ideas of such organisations or schools, and composed many works until his death on 17th August 1958 at the age of eighty-seven. These include orchestral works, choral works, chamber music to begin with, in addition to ballet music and even film music.

Besides *Dionysiaques*, his works for wind instrument includes *Sélamlik* op. 48 no. 1, a symphonic poem in the Turkish style composed after his trip to Turkey in 1906, *March for the 163rd Infantry Regiment* op. 48 no. 2, and *Funeral Hymn* op. 46 no. 2. There are other works such as *Saxophone Quartet* op. 102, solo works for woodwinds and ensemble works with strings. Innovative works include *Legend* op. 66 for viola or alto saxophone and orchestra composed in 1918. And *Fanfare*, the second piece from *Antony and Cleopatra* Suite No. 1 op. 69a composed in 1920, is also often played as a brass ensemble piece.

■ Composition and Première Background of *Dionysiaques*

This work was written for the Garde Républicaine Band, and completed in December 1913. But soon after its completion in July 1914 World War I broke out, and the première was put off.

The première was held eleven years later on 9th June 1925 at the Jardin de Luxembourg by the Garde Républicaine Band under the baton of Guillaume Balay (1871-1943; the music director from 1911 to 1927).

■ About Dionysus

Dionysus is one of the gods who appear in Greek mythology, and is a son of Zeus, king of the Olympian gods, and Semele, princess of Thebes, a city-state in Ancient Greece.

Zeus (Jupiter in Roman mythology), praised by the poet Homer as "the most glorious, and greatest god of thunder," is said to be the ruler of the sky, and the god of carrying rain and throwing thunder. Dionysus was nursed by the nymphs Hyades. The Hyades means "the rainy ones," so Dionysus was said to be a son of fire and water. He grew up and wandered around to different countries, and is also said to have visited India. Because he taught grape growing and brewing everywhere he went, he was revered as the god of wine, or Bacchus in Roman mythology. His female followers, who venerated him, got drunk and began singing and dancing. This revelry at some point came to be a festival event. This festival was held grandly in spring when the grape buds break forth, and poets gradually came to write dramas to pay tribute to Dionysus and put them on the stage, so Dionysus is worshipped as the guardian deity of the theatre.

Therefore, this work expresses an ambiance of mystery mixed with a drunken frenzy.

■ Instrumentation

The instrumentation of this work is quite large-scale in order to allow for playing outdoors.

The instrumentation is as follows with the required number of instruments also designated for each. The instrument names are in English.

In the score, the woodwinds, trumpets, cornets, horns, and trombones are arranged in the upper section, the percussion in the middle section, and the saxhorn family and the string basses in the lower section along with the orchestral score.

2 Piccolos (in C)
2 or 4 Flutes (in C)
2 Oboes
1 or 2 (ad lib) English horn
2 or 4 Bassoons
1 or 2 (ad lib) Sarrusophone contrabasses (in C)
2 or 4 Small Clarinets (in E-flat)
2 Solo Clarinets (in B-flat)
12 1st Clarinets (in B-flat)
12 2nd Clarinets (in B-flat)
2 or 4 (ad lib) Bass Clarinets (in B-flat)
1 or 2 (ad lib) Contrabass Clarinets (in B-flat)
2 or 4 Alto Saxophones (in E-flat)
2 or 4 Tenor Saxophones (in B-flat)
2 or 4 Baritone Saxophones (in E-flat)
1 or 2 (ad lib) Bass Saxophones (in B-flat)
2 or 4 Trumpets (in C)
2 or 4 Cornets (in B-flat)
2 or 4 Horns (in F)
1 each 1st and 2nd Trombone
1 each 3rd Bass Trombone & 4th Bass Trombone
3 Timpani (in F, A-flat, and D-sharp)
Snare Drum
Tenor Drum
Tambourine
Castanets
Triangle
Tam-tam (Gong)
Cymbals
Bass Drum
Glockenspiel (ad lib)
Xylophone (ad lib)
Celesta (ad lib)
1 or 2 (ad lib) Small Bugles (in E-flat)
2 or 4 Bugles (A) (in B-flat)
2 or 4 Bugles (B) (in B-flat)
1st Alto (in B-flat)
1 each 2nd & 3rd Altos (in E-flat)
2 Baritones (in B-flat)
6 Euphoniums (in B-flat)
6 Tubas (in B-flat)
2 or 4 (ad lib) Double Basses

Note 1) The euphoniums and tubas are written in transposed form.

Note 2) It was published by Durand & Cie in 1925.

Note 3) There are two arrangements which comply with the instrumentation in the United States; the first is by Guy M. Duker (1916-1998) of the University of Illinois published by Theodore Presser, and the second is by David Whitwell (1937-) of California State University which was self-published.

Note 4) In Japan, an arrangement by Suzuki Eiji was published by Brain Co. Ltd.

■ Musical Form

It can be seen as a free rondo form.
Introduction (Bars 1-16)
A (Bars 17-61): 4/4 in the main.
B (Bars 62-153): 3/4.
A' (Bar 154-194): 3/4 and 4/4.
B' (Bars 195-271): 3/4.
Coda (Bars 272-300): 3/4.

Some motifs appear in A and B respectively. These motifs are combined and appear in A' and B.'

■ Points to Note When Playing

Bars 1-4: The lower melody is to be played slowly with enough agogic. The dynamics should also be fully expressed, so the conductor is required to divide the time in some parts. Bar 3 needs to be expressed with a little accelerando as well as dynamics, however, with a free and graceful expression.

Bars 5-13: The melody by the solo clarinet and alto saxophones from the latter half of Bar 4 and by the flutes and oboes which begin slightly later, is to be played gracefully, like in a full cantabile. The melody by the euphonium from Bar 8 is the same. The melody and the resonance of chord in Bar 9 are to be handled carefully.

Bars 14-16: The accelerando and the dynamics by the lower instruments are to be played naturally and with even rhythm. The ritenuto in Bar 16 is to be controlled naturally.

Bars 17-29: The woodwinds are to be played gracefully and with enough breathing.

Bars 30-35: The rhythm of the woodwinds is to be kept precisely, with accelerando. Be careful of tonguing and articulation.

Bars 36-41: With steady rhythm by the brass instruments and timpani, and on top of it the woodwinds are to be graceful.

Bars 42-46: The bass clarinet solo is important. The motion and the chords by the flutes, oboe, and muted trumpets in Bars 44-46 are to be clear.

Bars 47-50: The harp enters here. Be careful of the transition from the solo clarinet to the bugle. Make accelerando at the end, and set a stable tempo a little early.

Bars 51-58: The first half is to be expressed with stable and steady rhythm, and the latter half is with precise rhythm by the clarinets.

Bars 59-61: The A section ends with these three bars, and the B section begins, so the motion of these three bars is to be played with clarity and excitement.

Bars 62-153: The B section starts here. These bars require a relatively fixed tempo and precise rhythm. The motion of each part is to be accurate and mechanical. This part can be played with comparative ease. However, the motion of the clarinets from Bar 122, in contrast, is to be graceful. Be careful not to express the articulation of *f* and *ff* roughly. The rhythm played in successive lags in Bars 136-145, is to be clear, although each part is played softly.

Bars 154-194: Although the A' section starts, and the first melody of A is recapitulated, the order in which each theme is recapitulated is changed. The pattern which appeared previously in Bars 8-15 is repeated from Bar 184, and the B' starts from Bar 195. Cautions about playing the A section apply here as well.

Bars 195-271: The B' section with a stable motion in 3/4. Precise rhythm and articulation are also required.

Bars 272-300: These bars correspond to the coda. The excitement is enhanced mainly with the melody in the B section. The motif in the A section appears in Bars 293-296, and it is succeeded by the next powerful chord in F-sharp minor by the brass instruments, and ends with the closing chord in B major.

Note) This 'Points to Note When Playing' section was written assuming that this work would be played with the instrumentation as noted in the score.

Akiyama Toshio

Translated by Itoh Goh

楽器名略語対応表

（単数形・複数形はスコアに準拠）

		フランス語	日本語
Petites Flûtes	P^{tes} Fl.	プティ・フリュト	ピッコロ
Grandes Flûtes	G^{des} Fl.	グラン・フリュト	フルート
Hautbois	Htb.	オボア	オーボエ
Cor Anglais	C. A.	コール・アングレ	イングリッシュ・ホルン
Bassons	B^{ons}	バソン	バスーン
Sarrusophone C. B.	Sarr.	サリュソフォン・コントルバース	コントラバス・サリュソフォーン
Petites Clarinettes	P^{tes} Cl.	プティ・クラリネット	E♭クラリネット（小クラリネット）
Clarinettes	Cl.	クラリネット	クラリネット
Clarinettes basses	Cl. B.	クラリネット・バース	バス・クラリネット
Clarinette Contrebasse	Cl. C. B.	クラリネット・コントルバース	コントラバス・クラリネット
Saxophones Altos		サクソフォン・アルト	アルト・サクソフォーン
Saxophones Ténors	Sxph.	サクソフォン・テノール	テナー・サクソフォーン
Saxophones Barytons		サクソフォン・バリトン	バリトン・サクソフォーン
Saxophone Basse		サクソフォン・バース	バス・サクソフォーン
Trompettes	Trp.	トロンペット	トランペット
Cornets à Pistons	Crnts.	コルネット・ア・ピストン	コルネット
Cors	Cors	コール	ホルン（フレンチ・ホルン）
Trombones	Trb.	トロンボヌ	トロンボーン
Trombone Basse		トロンボヌ・バース	バス・トロンボーン
Timbales	Timb.	タンバル	ティンパニ
Tambour Militaire	Tamb. M.	タンブール・ミリテール	小太鼓
Caisse roulante	C. Roul.	ケス・ルラーント	テナー・ドラム（深胴響線なし）
Tambour de basque	T.de B.	タンブール・ド・バスク	タンブリン
Castagnettes	Cast.	カスタニェット	カスタネット
Triangle	Trg.	トリアングル	トライアングル
Tam-tam	Tam-T	タム・タム	銅鑼
Cymbales	Cymb.	サンバル	シンバル
Grosse Caisse	G. C.	グロース・ケス	大太鼓
Jeu de timbres	J. de T.	ジュ・ド・タンブル	グロッケンシュピール
Xylophone	Xyl.	クシロフォヌ	シロフォン（木琴）
Célesta Müstel	Cél.	セレスタ・ミュステル	チェレスタ
Petit Bugle	P^t Bug.	プティ・ビュグル	E♭小ビューグル
Bugles	Bug.	ビュグル	B♭ビューグル（フリューゲルホーン）
Altos	Alt.	アルト	アルト
Barytons	Baryt.	バリトン	バリトン
Basses	Bass.	バース	ユーフォニアム
Contrebasses	C. B.	コントルバース	バス（テューバ）
Contrebasses à cordes	C. B. à cd.	コントルバース・ア・コルド	コントラバス

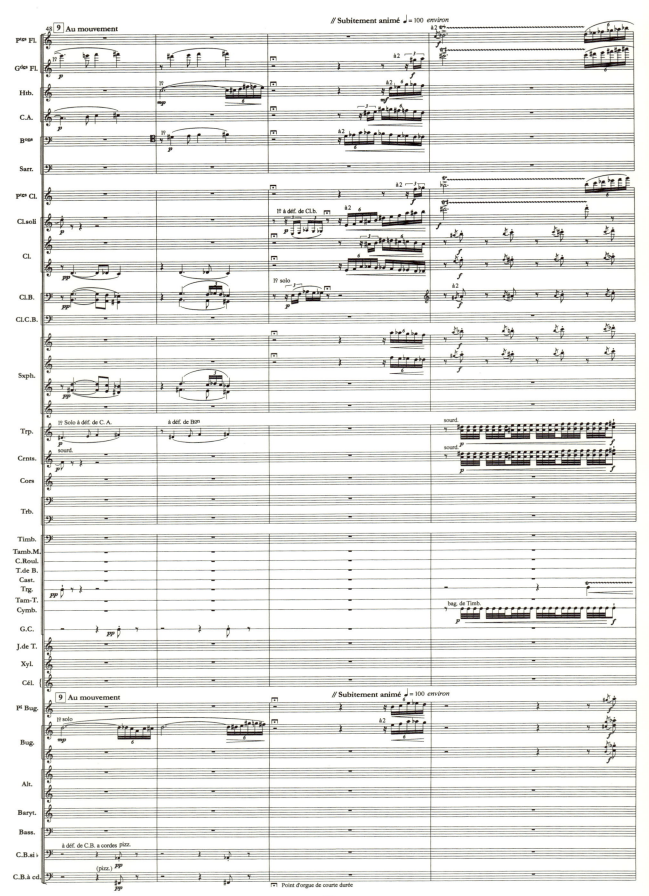

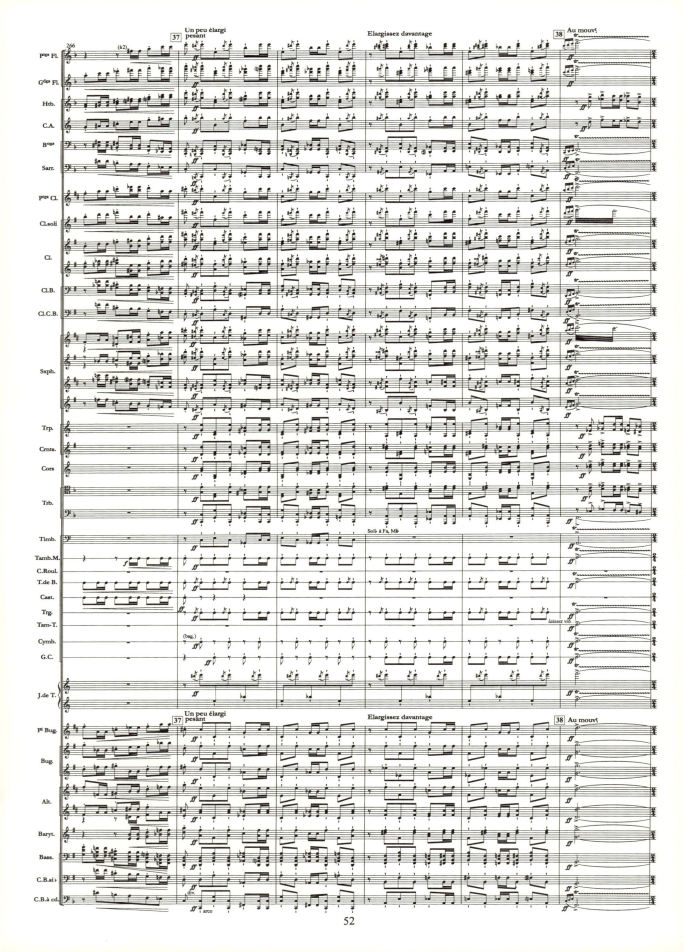

正しい音階 音楽音響学

美しい音楽をつくるには、正しい音階、つまり純正調が必要である。現代は音階が乱れ、きたない音楽が流行している。本書は、弦楽器、管楽器、邦楽器それぞれの楽器における正しい音階のあり方について述べたところの、もっとも実用的な音響学書である。初版発行以来、すでに多くの専門家の間に広まっている、斯界の最高権威書。

No. 901　溝部 國光 著　B5判　184頁　2,200円＋税

念佛のリズム 太鼓の音楽 《改訂版》

本書は、念仏、真言、読経、ならびに神道における太鼓の打ち方について、各宗各派の秘伝的奏法を集録研究し、その適切な在り方を示す。また、念仏は音楽的に発展して念仏踊りとなり、全国各地の民俗芸能の母体となった。本書は、太鼓奏法を中心として、全国各地の念仏系芸能の代表的な曲を集録解説し、それを概観した。宗教家ならびに音楽家のために、本書は他に類のない参考書となるであろう。

No. 902　溝部 國光 著　B5判　184頁　2,700円＋税

アイルランド音楽事典

本書は、アイルランド音楽に関する日本初の事典である。アイルランド音楽と言うと、日本においては伝統音楽を中心に解され注目を集めているが、これまで芸術音楽について触れられることは皆無に等しかった。本来、芸術音楽も同等に扱われて然るべきである。本書は、日本において、伝統音楽、芸術音楽を含むアイルランド音楽についての一般的な理解を深めることを目的としている。

No. 903　いとう ごお 編著　A5判　336頁　2,500円＋税

ウィンド・アンサンブル作品ガイド

管楽器は、管楽器同士や弦・打楽器との小アンサンブルにその音色の多彩さを発揮する。オーケストラ作品では、弦楽器とのコントラストがじつに美しい。また吹奏楽の世界では、管楽器の合奏による醍醐味が感じられる。大作曲家たちが作り上げたこれらの作品、管楽器のための音楽を堪能しながら、音楽の真髄に触れてゆく。芸術的価値の高い吹奏楽オリジナル曲リストと解説を収載。吹奏楽や管・打楽器に携わる多くの人々に使用してもらいたい。

No. 907　箕輪 響 編著　A5判　183頁　1,300円＋税

ヴァイオリンのための 初めての重音練習 《改訂版》

ヴァイオリンの重音——その美しい響きは他に比類がない。ヴァイオリン学習者が初級から中級に進む過程において勉強しなければならない技術に各ポジションの習得とヴィブラートがあるが、それにもうひとつ不可欠な技術として重音（ダブル・ストッピング）も加えたい。しかしながら、重音練習の入門的な教材はあまり見当たらないのが現状である。本書は、ヴァイオリンの初級学習者が抵抗なく、重音が楽しく練習できるように書かれている。

No. 904　佐々木 茂生 編著　菊倍判　16頁　800円＋税

ベリオ＆ダンクラ ヴァイオリン・ポジション教本

第1ポジションを修得したヴァイオリン学習者にとって、第2ポジション以上の高いポジションを弾くことは、ひとつの夢である。本書は、ベリオとダンクラのポジション・メソードを編集したもので、全曲二重奏の形式をとっている。ポジション練習をしながらアンサンブルが楽しめる、音楽的訓練にも配慮されたメソードである。

No. 905　比留間 和夫 編著　菊倍判　72頁　1,700円＋税

バッハ 無伴奏Vnソナタとパルティータ ～初めて弾く人のために～

本書は、J.S.バッハの無伴奏ヴァイオリン・ソナタとパルティータを初めて弾こうとする学習者のために、できるだけ理解しやすいように書き方を工夫してまとめたものである。本書により、楽譜を正確に弾くだけでなく、楽譜に込められたものを学習者それぞれが感じ取り、バッハを身近に楽しく受け入れてほしい。

《改訂版》 No. 906　五十君 守康 編著　菊倍判　72頁　1,800円＋税

バッハ 2つのヴァイオリンのための協奏曲 ニ短調 BWV1043

本書はJ.S.バッハの〈2つのヴァイオリンための協奏曲〉を、佐々木茂生氏が長年の指導者としての立場から、いつでも誰とでも一生を通じて楽しめるよう心がけ編集したものである。指使い（フィンガリング）は、D.オイストラフ、H.レッツ、A.マンゼらの指使いを参考に、あまり必要と思われない複雑なポジション移動は避け、シンプルでありながら効果的な音色を出せるよう工夫してある。弓使い（ボウイング）や発想記号は、バッハのオリジナルに近い原譜をもとに記した。西尾洋氏校訂によるピアノ伴奏譜つき。

No. 908　佐々木 茂生 編著　菊倍判　40頁　1,300円＋税

******************** 日本楽譜出版社 ********************

≪日本楽譜出版社スコア≫

吹奏楽作品シリーズ

日本楽譜出版社スコアに、新しく吹奏楽作品シリーズが加わりました。それも日譜らしく、クラシックの作曲家たちによるオリジナル版の吹奏楽作品シリーズです。吹奏楽の世界では、クラシックの作品は現代の編成に合わせた編曲版を演奏することが圧倒的に多いようですが、けっしてクラシックの作曲家たちが吹奏楽作品を残していないわけではありません。今後ともシリーズとして刊行を進めていきます。

品番	作曲者	曲　名	解説	定価
401	メンデルスゾーン	吹奏楽のための序曲／管楽器のためのノクトゥルノ	堀内 貴晃	1,200円
402	リムスキー=コルサコフ	クラリネットと吹奏楽のためのコンツェルトシュテュック	堀内 貴晃	900円
403	スーザ	星条旗よ永遠なれ	青島 広志	700円
404	ヴァイル	小さな三文音楽	長木 誠司	900円
405	ホルスト	吹奏楽のための第1組曲〔原典版〕	伊藤 康英	900円
406	ホルスト	吹奏楽のための第2組曲〔原典版〕	伊藤 康英	900円
407	ベルリオーズ	葬送と勝利の大交響曲	秋山 紀夫	1,200円
408	シェーンベルク	主題と変奏	伊藤 康英	1,000円
409	ホルスト	ムーアサイド組曲	伊藤 康英	1,200円
410	フローラン・シュミット	ディオニソスの祭り	秋山 紀夫	1,500円
411	サン=サーンス	東洋と西洋	秋山 紀夫	1,000円
412	ヴァーグナー	表敬の行進曲	秋山 紀夫	800円
413	ホルスト	ハマースミス	伊藤 康英	1,000円

★『ウィンド・アンサンブル作品ガイド』★

～古典から現代まで～　管楽合奏曲＆吹奏楽曲　作品リストと解説

管楽器は、管楽器同士や弦・打楽器との小アンサンブルにおいてその音色の多彩さを発揮する。オーケストラ作品では、弦楽器とのコントラストがじつに美しい。また吹奏楽の世界では、管楽器の合奏による醍醐味が感じられる。大作曲家たちが作り上げたこれらの作品、管楽器のための音楽を堪能しながら、音楽の真髄に触れてゆく。芸術的価値の高い吹奏楽オリジナル曲リストと解説を収載。吹奏楽や管・打楽器に携わる多くの人々に使用してもらいたい。

（１）　ルネサンスの音楽　　　（２）　バロックの音楽　　　（３）　古典派の音楽
（４）　ロマン派の音楽　　　　（５）　国民楽派の音楽　　　（６）　２０世紀の音楽
● 管楽器ソロ作品　　　　　● 吹奏楽オリジナル曲リスト　　● 吹奏楽オリジナル曲解説
● 邦人作曲家による吹奏楽曲　● 小編成管楽合奏曲　　　　● 管楽器のための室内楽曲

箕輪 響 編著　A5判　183頁　1,300円＋税

お問い合わせ・ご注文は、直接当社か全国ヤマハ・楽器店へ
編集部 03−3970−3155 ／ 商品管理部 03−3999−5627
ご注文受付 FAX 03−3577−3571

＊＊＊＊＊＊＊＊＊＊＊＊＊＊＊＊　日本楽譜出版社　＊＊＊＊＊＊＊＊＊＊＊＊＊＊＊＊

〒176-0022 東京都練馬区向山4−20−2
URL http://nihongakufu.com/

溝部國光 著　**正しい音階**　音楽音響学

　美しい音楽をつくるには正しい音階、つまり純正調が必要である。現代は音階が乱れ、きたない音楽が流行している。本書は弦楽器、管楽器、邦楽器それぞれの楽器における正しい音階のあり方について述べたところの、もっとも実用的な音響学書である。初版発行以来、すでに多くの専門家の間に広まっている、斯界の最高権威書。

B５判　184頁　￥2,200

〔1〕ピタゴラス音階

〔2〕中間全音階（中間律）

〔3〕十二平均律音階

〔4〕純正律音階（純正調）

〔5〕平均律の色々

〔6〕純正律鍵盤楽器

〔7〕純正律音階論

〔8〕自然音列（倍音）

〔9〕音程と協和

〔10〕短音階論

〔11〕教会旋法

〔12〕日本音階の和音

〔13〕東洋の音階

〔14〕ヴィブラート

〔15〕うなりと差音

〔16〕標準ピッチ

〔17〕風圧とピッチ

〔18〕温度とピッチ

〔19〕調律カーヴ

〔20〕ピアノの調律法

〔21〕中間全音階調律法

〔22〕弦の音響

〔23〕ヴァイオリンの音階

〔24〕弦楽器の演奏

〔25〕管の音響

〔26〕木管楽器

〔27〕金管楽器

〔28〕三味線

〔29〕箏と琴

〔30〕尺八

〔31〕声楽

〔32〕電子オルガン

〔33〕電子ピアノ

〔34〕琵琶

〔35〕太鼓

〔36〕雑記

著者　溝部 國光（みぞべ くにみつ）

1908年、大分県生まれ。大分県師範学校卒業。エマヌエル・メッテル、山田耕筰に師事。元陸軍軍楽隊作曲学講師。元日本楽器製造株式会社技術顧問。純正調オルガン発明者。

*******************　日本楽譜出版社　*******************

アイルランド音楽事典

　本書は、アイルランド音楽に関するわが国初の事典である。アイルランド音楽と言うと、わが国においては伝統音楽を中心に解されており、近年のアイルランド・ブームの影響で注目を集めているが、これまで芸術音楽について触れられることは皆無に等しかった。本来、芸術音楽も同等に扱われて然るべきである。本書はわが国において、伝統音楽、芸術音楽を含むアイルランド音楽全体についての一般的な理解を深めることを目的としている。

【 主 な 収 載 項 目 】

● アイルランドの「国民的作曲家」・・・・・・・・・・・・　ターロク・カロラン（1670～1738）

● イギリス宰相ウェリントン公の実父・・・・・・・・・・・　モーニントン伯ギャレット・ウェスリィ（1735～81）

● ダブリンで初演されたオラトリオの名作・・・・・・・・・　ヘンデル〈メサイア〉（1742 初演）

●〈フィガロの結婚〉初演テノール歌手・・・・・・・・・・・　マイケル・ケリィ（1762～1826）

●「ドルリィレインの音楽監督」・・・・・・・・・・・・・・・　トマス・シンプソン・クウク（1782～1848）

● ノクターン形式の創始者・・・・・・・・・・・・・・・・・・　ジョン・フィールド（1782～1837）

● ベルリオーズの妻・・・・・・・・・・・・・・・・・・・・・・・　ハリエット・スミスソン（1800～54）

●「旋律王」（ヨハン・シュトラウス2世）・・・・・・・・・　マイケル・ウィリアム・バルフ（1808～70）

●「アメリカ・バンドの父」・・・・・・・・・・・・・・・・・・　パトリック・サースフィールド・ギルモア（1829～92）

● ブリテン諸島初の大学合唱協会・・・・・・・・・・・・・・　ダブリン大学合唱協会（1837 創立）

●「アイルランドの指環」・・・・・・・・・・・・・・・・・・・　〈ボヘミアの少女〉〈マリターナ〉〈キラーニィの百合〉

●「並ぶ者なきヴァンデルデッケン」（ヴァーグナー）・・・　ウィリアム・ルドヴィグ（1847～1923）

●「イギリス合唱音楽の父」・・・・・・・・・・・・・・・・・・　チャールズ・ヴィリアーズ・スタンフォード（1852～1924）

● ブリテン諸島初の市立音楽学校・・・・・・・・・・・・・・　コーク音楽学校（1878 創立）

●「アイルランドのトスカニーニ」・・・・・・・・・・・・・・　ハミルトン・ハーティ（1879～1941）

● 若き日の作家はテノール歌手・・・・・・・・・・・・・・・　ジェイムズ・ジョイス（1882～1941）

●「理想的なミミにして唯一の蝶々」（ドニゼッティ）・・　マーガレット・シェリダン（1889～1958）

● 英ロイアル・バレエ団の創立者・・・・・・・・・・・・・・　ニネット・デヴァルワー（1898～2001）

● イリアンパイプスの巨匠・・・・・・・・・・・・・・・・・・　リーオゥ・ロウサム（1903～70）

●「黄金のフルートをもつ男」・・・・・・・・・・・・・・・・　ジェイムズ・ゴールウェイ（1939～ ）

● チャイコフスキィ国際コンクール優勝のピアニスト・・　バリィ・ダグラス（1960～ ）

●「アイルランドの音楽大使」・・・・・・・・・・・・・・・・　チーフタンズ（1962 結成）

編著者　いとう　ごお　　　　　　　　　　　　　　　　　Ａ 5判　定価 2,500 円

******************　日 本 楽 譜 出 版 社　******************

Kleine Partitur No. 410

Florent Schmitt
ディオニソスの祭り
平成28年6月1日　初版発行

解説者　秋山　紀夫
発行者　伊藤　紗季江
発行所　㈲日本楽譜出版社
〒176-0022　東京都練馬区向山4丁目20番2号
ＴＥＬ　　03－3999－5627（代表）
ＦＡＸ　　03－3577－3571
ＵＲＬ　　http://nihongakufu.com/
振替　　00110－8－186573
印刷　㈱東和

Printed in Japan　© 2016 Nippon Gakufu Ltd　複製厳禁